꼭, 하고 싶은 거짓말

# 꼭, 하고 싶은 거짓말

최지하 시집

詩와에세이

2011

차례__

## 제1부

내 안에서 무슨 일들이 일어났을까 · 11
거짓말 · 14
비행 · 15
가면무도회 · 16
지나간 시간을 어떻게 되찾아요 · 18
그림자들 · 20
변명 · 22
존재 · 23
너의 소설 · 24
몸살 · 26
소리만 남다 · 27
그 후론 아무도 오지 않았다 · 28
슬픔의 힘 · 30
지금은 휴식 중 · 32
오늘도 홀로 있다 · 34
2월 30일 · 36
2:30, 두통 · 38

## 제2부

어쩌면 · 43
도적과 나 · 44
그리움 · 46
꽃잎 지다 · 47
내 달력엔 4월이 없어요 · 48
너의 바다 · 49
목련 · 50
무의식 · 51
봄 · 52
억새 · 53
오수(午睡) · 54
이렇게 빨리요 · 55
핑계 · 56
일기 · 58
종이꽃 · 59
편지 · 60
레몬 맛 각설탕 먹기 · 62
그 꽃 지는 날 · 64
초콜릿처럼 · 65

## 제3부

나이에 대해 · 69

그 봄, 그 밤 · 70

벨리니의 페르소나 · 72

그 여자 4 · 74

그 여자 5 · 76

누구 없소 · 78

아직 · 80

불면증 · 81

현기증 · 82

오후 세 시 · 84

공(空) · 85

아무래도 · 86

어느 하루 · 88

모자를 벗는다는 것 · 90

으레 그랬지, 그 봄은 · 91

매일 살다가 매일 절망하다가 · 92

죽지 않는 까닭 · 93

가을, 그리고 · 94

하찮은 생각 · 96

슬프거나 혹은 · 97

하지만 너는 · 98

**제4부**

Jazz 3 · 103
Jazz 4 · 104
Jazz 5 · 105
Jazz 6 · 106
Jazz 7 · 107
Jazz 8 · 108
Jazz 9 · 109
Jazz 10 · 110
Jazz 11 · 111
Jazz 12 · 112
Jazz 13 · 114
Jazz 14 · 115

해설 · 116
시인의 말 · 127

제1부

# 내 안에서 무슨 일들이 일어났을까

산타가 오지 않았다는 걸 알아버린 그때
나도 웃고 싶었어요
미끄럼틀에서 내려오는 동안 다 커버린 걸
아무도 몰랐죠
어머니의 손은 언제나 차가웠어요
기도를 많이 해서 그런 거라고 생각했어요
당신이 일어선 자리는 늘 그늘이어서 이상했죠

비상하는 새의 발바닥에서 흐르는 피를 보았어요
거울을 보면서 웃으려고 했지만 웃어지지 않았죠
나도 날고 싶었는데
겁이 났어요, 비행하는 법이라도 있는 걸까요
혼돈의 색깔이 어떻게 한 가지겠어요
어머니가 매일 부르던 노래는 한 가지였지만요
아, 내 발바닥에서 피가 흘러요, 어머니
내가 죽는 걸까요
그래도 울지 않을게요

빨간 구두를 신고 싶어요 가끔은 자유롭고 싶어요
그런데 어머니 내가 늙어가요, 내 주위엔
온통 벽이죠
이곳을 빠져나가고 싶어요, 신발 끈을 더
단단히 매야겠어요
저 벽 바깥에 누가 있나요, 바람은 불고 있나요
포옹하는 사람과 노래하는 사람들도 있나요

난 참 착했어요, 그런데 왜 그랬을까요
난 나쁜 사람을 사랑했어요
난 늘 방치되었죠
사람들의 발소리가 들려요, 망치소리인가요
누군가 벽을 두드리는 소리가 들려요, 기다렸어요
붉은 카펫이 깔린 나의 동굴에서 좋은 사람과
지겹도록 함께 있을 거예요
푸른 알약을 먹지 않아도 미치도록
웃을 수 있을지도 몰라요

저기 저 즐비한 침대 위에 착한
척하는 사람들이 누워 있어요
저 사람들은 똑같은 생각을 하도록
교육받은 해골들이죠
이젠 안녕, 시간 맞춰 읽는 이 대본은
귀찮아, 시계를 거꾸로 돌릴게요

# 거짓말

 덫을 놓아라 덫을 놓아 소문을 타고 도는 바람을 엮을 세상 아래 무기력해진 자들이 숨을 곳을 찾아 뛰어다니는 동안 그들의 비밀을 모두 알고 있는 게으름뱅이 안마 사는 이 거리에서 확신할 것은 아무 데에도 없노라고 중얼거리지 무거운 어둠이 그들을 잠시 붙잡아주지만 떠들썩하게 빛이 몰려오면 어둠은 곧 깨지고 말거든 골목길을 어슬렁거리며 바람을 타던 뮤즈들의 장담이 그럴 듯하지 이곳으로 몰려드는 소문들은 모두 너희들의 혀 밑으로 파고들어 눈과 귀와 뒤엉킨 팔과 다리를 집어삼키리 섬광 때문에 구멍이 난 어둠을 여미어 어금니에 물고 있던 지친 실직자와 구두를 구겨 신은 예술가와 말 잘하는 은행원과 얌전한 도둑들까지 천사의 이름을 부르며 목구멍에 박힌 가시를 토하며 걸어나온다

 덫을 놓아라 덫을 놓아 허공을 절름거리는
 거짓말을 엮을

# 비행

그래 이미
찬바람이 머리에 들었으니 오지 마라
오지 마라 이제부터 우리는
다음 생을 꿈꿔야 한다
한낮이 땅속 깊은 곳으로 지나가도
인광이라도 남게
(왜 그런 말을 하세요)

미안해하지도 마라
노란 장미 뚝뚝 져서 검은 자국이 흘러도
눈물인 줄 모를 테니
병든 지 오래된 여자를 떠나가는 것이
그리 큰일은 아닐 테니
아예 후련하게 잊는 것이
선물일 테니
(다시 오겠어요)

# 가면무도회

낙타의
붉은 눈썹을 붙이고 분 바른 사람들을 알은체하며
누군가를 찾고 있군요, 당신은
뒷모습이 예쁘다는 비극적인 사실 말고도
발가락이 검어 검은 구두를 신는 그녀일까요
슬픈 일만 당하다가
이식한 어둠의 목을 조르고
초록 알약을 먹는 변덕쟁이일까요

휴일의 반을 잠을 자고
촘촘히 머리 빗은 달 속을
두리번거리는 사람이 있네요
가발은 쓰지 않는 편이 좋았을 텐데요
비밀인데요, 말해줄까요
그는 매일 인형의 아이를 낳아요, 그런데
말을 할 줄 몰라서
엉뚱한 셈만 하며

사막이 어질러져 있는 빈집에 살아요
바람만 드나드는 열쇠구멍이 어지간히 많아요
조급한 마음에 그가
다른 나라 말을 하는 장난감 인형과 친해지기 전에
붙임성 없는 그의
낙타가 되어주는 건 어때요

# 지나간 시간을 어떻게 되찾아요

폐허에 자궁을 묻은
이상한 새벽 바람소리가 커
참지 못하고 울었습니다
크게 웃는 걸 이제 익혔는데요
눈물나도록 웃을 수도 있는데요
벌써 당신은
달 속에 방을 만들어 촛불을 켜시네요
예감을 믿고 싶을 때마다
인적 없는 시계 속을 걷다
뒤를 따라 걷는 검은 비둘기도 보고요
도망갔던 여인처럼
검버섯 짙어져 돌아와 겸연쩍게 웃는
귀머거리 꽃들도 보았습니다
당신의
이부자리엔 아직 꽃송이 가득한데
행여 사소해질까
베개맡 잠든 어둠에 숨어

늙도록 혼자 십자가의 못을 빼 가슴에 쾅쾅 박았어요
당신이 두고 가신 거울 속의 눈이 자꾸 붉어져서
신의 발목을 붙잡고
분명치 않은 이 추위를
어떻게 참아야 하는지 묻고 있습니다
유골만 남았어도 아직
쓰라린 피 남아 있는 슬픔을 어디에 묻어요

# 그림자들


잠이 오지 않아
검게 자란 물고기 떠도는
골목길을 걷는데
매번 책갈피에서 살해되었던 젊은 그가 되살아나
괴상한 걸음으로 쫓아온다
나 때문이냐, 집요한 그림자
악몽일까, 불안이 엄습해오기는 하지만
괜스레 유쾌하게 노래를 불러보는데
울컥울컥 질긴 속을 긁어내는
검은 나무가 보인다


아까, 그 매운 고추는 먹는 게 아니었어
그런 것을 먹는다고 내가 **뻔뻔해지냐**고
허벅지를 드러낸
황량한 그림자가 파문을 토하고
울퉁불퉁한 세상이 편편해지자 넥타이를 고쳐 맸다
나는

쓸쓸할 때 죽고 싶기도 한 이브란 말이야
한생 고비에 옴팍해진 그림자에게
나무가 말했다
넌 예쁘지만 그림자야

# 변명

세상에는 헛것도 헛일도 없다
너덜너덜한 어둠을 넣어 옷을 기워 입은 것도
홀로 남지 않으려는 것이다
분명 어젯밤 그 달도
허벅지를 드러낸 채
동맥을 끊고 터져나오는 불을 먹고 있었다
운 좋게 스물다섯 시간을 사는 여자는
오늘도 낡은 하늘을 드나들며 내통하고
용서할 수 없는 것은
새벽이 되어도 여전히 도망다니는
한 덩어리 어둠뿐이다

# 존재

  신들은 이미 아틀란티스 항문을 빠져나갔습니다
  종이같이 사람들은 펄럭이고 속이 빈 나무들은 뿌리를 내릴 수 없어 바람이 불 때마다 덜컹거립니다 인간의 명분들을 엿듣고 늙어가는 비둘기들이 언제부턴가 이 도시와 똑같이 비대해지고 있습니다 육교 위에 기진해 있던 비둘기가 바람을 피해 무거워진 노을 속을 뒤뚱뒤뚱 들어갑니다

  혹시나 혹시나 하며 사는 동안
  구겨지고 찢겼어도
  또다시 승리를 꿈꾸는 존재들이
  도심에 버려진 비곗덩어리와
  피임약을 받아먹으며
  사라진 신들의 신발을 찾아
  어딘가, 어디론가

  ……뒤뚱

# 너의 소설


목이 메어왔다
오늘도 바다는 부서지며 부서지며
상처 난 바위들의 명치 위를 건너다녔다
술잔 속의 바다는 눈시울을 붉혔다
바다를 털어 마시며 긴 울음소리를 들었다
바람소리였을까

새엄마의 치마에선 늘 축축한 바람소리가 들렸다
낯선 바다의 가슴에 닻을 내리고
무심한 그물을 풀어 바다를 낚던 아버지의 아내는
귀머거리였다
귀에 닿는 소리라곤 파도에 머무는 흰빛뿐
흰빛이 사라지면 아무 소리도 들리지 않는다며
때때로 토막 난 파도 속으로 도망치듯
팔을 휘젓곤 했다
귀를 찌르는 슬픔의 모서리들을 스스로
떼어 보내는 거였는지도 몰랐다

종일 쓸려나가는 모래를 바라보며 모래성을 쌓았다

해풍이 지껄이는 소리를 들었고, 언뜻
모래성 둔덕처럼 스러지는 여인의 치마폭을 보았다
전해져오는 것이 슬픔인지도 몰랐다
무엇인가 어둠을 빠져나가는 소리라고만 생각했다

바다는 종이처럼 얇은 세월을 다시
한 겹씩 한 겹씩 입고 있었다

# 몸살

모두 차갑다

그녀의 하얀 덧니도

속눈썹의 갈색 마스카라도

잘 부르는 유행가도

끓어오르는 열감기도

두통도

속살까지 저며 우는 울음도

이 쓸쓸한 방의 뜨거운 것은 가짜다

# 소리만 남다

바람이 계단을 내려온다

구름이 계단을 내려온다

내가 계단을 올라간다

바람이 나를 훑어본다

구름이 나를 흩어놓는다

계단이 발등 위를 걸어간다

# 그 후론 아무도 오지 않았다

블록쌓기를 했다 해가 지지 않았다
두 개의 심장을 가졌던 그는 내게 보여주지도 않고
하나의 심장을 버렸다
매일
죽지 않고는 미련 때문에 지루해서 살 수 없을 거라고
새 구두를 골라 신고
그의 귀를 멀게 한 목소리를 찾아 떠났다
아무것도 묻지 않았다
곧 겨울이 올 거였다
그의 머리카락이 떨어진 방 안엔
그가 바라보던 서늘한 사막만 남았다
난 괜찮아 정말 괜찮지
모래벽에 머리를 부딪쳐보았지만 두통은
가시지 않았다
내 탓이었다
블록은 남아 있지 않았다
그가 앉았던 의자엔

낡은 그의 신발이 해를 뜯어 삼키고 있다
염소처럼
웃음을 먹고 또 먹었다 취한 사람이 걸어나왔다
거리가 아이의 엉덩이처럼 푸르게 변했다
그의 사막이 낯설어졌다
붉은 하늘은 술에 젖은 혀를 뱉어냈다
종소리가 들렸다

## 슬픔의 힘


오랜만에 창문을 열다 손잡이가 툭 부러졌다
아주 잠깐 누릴 기쁨이 우르르 달아났다

저 햇살들은 어디로 모이나
사소한 일에도 겁에 질려 우울해했던 여자의 눈엔
담벼락에 가득 핀 장미가 보이지 않았다
사실은 장미를 본 적이 없다
밤마다 어둠 속에서
사자들이 뛰어나와 나를 덮친다고
(생각해보니 그 사자는)
어릴 적 내가 꾸민 이야기 속에서 살고 있었다고
사방에 불을 밝히곤 욕조 안으로 기어들어가
여러 날을 씻고 여러 날을 앓았다, 또
그다지 떠올릴 것도 없는 날들을 악착같이 고민했다

그녀의 어머니는 아들을 못 낳아서
바람막이 하나 없는 세월을 사셨다고 했지

슬픔이 짙어지면 참되고 참된 쾌락을 찾게 마련이지

어쩌다 외상값 갚은 날처럼
후련하게 일어나는 날에만 영양제를 먹고
약기운에 몇 날은 미친 거리를 용케도 쏘다녔다

저 손잡이,
이 고통스러운 휴식이 끝나면
더는 성숙하지 않는 유충같이 그녀는
또 몇 날을 부러진 손잡이만 생각할 것이다

# 지금은 휴식 중

그렇게 떠나면 되는 거였다
어쨌거나 그는 내 말을 듣지 않았다
나의 말을 뚝 뚝 끊어서
구멍 난 주머니에 아무렇게나
넣어 흘려버리며 태연히 걸어갔다
그 길은 처음 가보는 길이었으나 눈치채지 못하게
따라가다가 어느새 늙어버린 눈동자만
굴렁쇠처럼 굴러갔다
울퉁불퉁,
시간마다 움찔거리는 거리에서 나의 목소리는
어느 가슴에도 다다르지 못하고 노랗게 뜬 나뭇잎처럼
후드득 떨어져
서운하게 굳어갔다
나는 이미 청춘이 아니었으므로
바싹 마른 입술을 통해 가슴으로 가득 안개가 슬어
죽어갔다
그리고 아무것도 줄 수 없게 되었다

내 몸은 점점 작아져 저절로 무덤에 묻혀
생각만 걸어갔다 나는 분실되었고
비로소 그를 보지 않아도 되었다

한낮 길게 누운 TV를 눈을 길게 뜨고
쳐다본다 희미하다
열린 창틈으로
담배연기 같은 불빛이 빠끔히 새어나온다
저 불빛은 눈물일지도 모른다
그 아래서 누군가 이별하고 있을지도 모르니
눈물이 바람 부는 대로 흩날려서
희미했다

# 오늘도 홀로 있다

어둠은
어디에나 있고
어디에도
없지
그가 보는 걸 나도 볼 수 있어
적어도 눈앞의 것은 다 보여
그렇게 말했지만
조금 전 고양이의 죽음을 볼 때
생각은
보이지 않았다
다른 사람을 보는 잠깐 동안도 나를 볼 수 없어서
어두운 길을 혼자 걷게 하는 일은 없게 하지요
이렇게 말한 그를 떠나보냈다
그리고 아홉 가지 구두를 샀다
오갈 데 없는 슬픈 구두를 번갈아 신으며
이번뿐이야 다신 맴돌지 않아
하였지만

어느새 묽어진 어둠을 꾹꾹 눌러 닦다가
잠깐잠깐 늙는다

어라,

# 2월 30일

무서워서
검은 달을 따 먹었다고
그가 고백했다
짙고 불투명한 수액이 기억과 함께
그의 팔을 빠져나와 병색 깊은 거리로 나돌아도
시종일관 별일 아니라고 웃기만 하더니
운명처럼 눈곱을 달고 병실을 드나드는
의사에게 말을 걸었다
그녀가 있는 곳에 가본 적이 있나요
그리움이 빈집 같은 그의 눈 속에서
아무렇게나 뒹굴었다
그녀가 올 거예요, 바람이 불잖아요
그녀에게선 바람 냄새가 나요
그는 거울이 아프다고 했다
꽃잎처럼 꿰맨 상처는
아프지 않다고,
노란 불빛이 흑흑대는 벽을 보며

별일 아닌 선혈을 배설했다
그의 정맥을 타고 어둠이 돌아오고

# 2:30, 두통

라디오에서 흘러나오는 여가수의 노래를 들으며
두통만큼 긴
터널을 빠져나왔다
피를 간질이던 봄에
딱 한번 태어나서 숨을 끊은 나비처럼
여가수가 노래를 멈추었다
껍질이 찢긴 시간 속으로
성장을 멈춘 여자아이가 천천히 흘러들어와
시무룩한 햇살 걸린 처마 밑에서
어린 짐승이 된다
이발소 문간방에 세 들어 살던 김 하사 애인은
철썩철썩 찬물로 환부를 씻고
뾰족한 맨발로 건너와
홀로 잔을 들어 한 뼘씩 슬픔을 재운다
제재소 앞마당에 쌓여 있던 통나무 틈새에 목매단
그리움을 부여안고 섬유공장 인숙이가
안달하며 나타나고

덜 자란 사내아이도 어둠을 빌려
벼랑을 내려온다
실어증에 걸려 눈빛만 펄럭이는 처녀는
관 속에 달을 가두어,

하는 수 없이
하는 수 없이
지독히 아프다

제2부

# 어쩌면

그나마 오늘은 천기가 좋구나
예전 같았으면 신열이 높아도
골목길을 오가는 낯선 행인들마저 반가웠을걸
벽을 메운 전단지가 번화하게 떠들어도
저렇게 달이 떨어도
밥그릇 같은 달을 고스란히 안고서는
너의 딱한 이야기를 들었을 터인데
방금 구겨서 버린 담뱃갑처럼
지금은 어지럽다
어쩌면 울먹이면서도 뜨거움을 견디는
저 노을이 소명(昭明)할지 몰라

## 도적과 나

길을 가다 우연히 그를 만났지
우리는 많은 이야기를 나누었지
사람들이 살아가는 숲을 이야기하고
꽃들이 떠도는 별과
어린 왕자가 마시는 술과
구름 위를 나는 여우와
바다를 꿈꾸는 뱀에 대하여

우리는 소나기 속을 여행도 했어
그와 난 처음부터 서로를 알아보았어
번뜩이는 눈 때문이었을 거야
너무 닮아 있었거든
그는 눈물 속의 달도 왕좌의 꿈도 그려내는 화가였어
우리는
여인과 입맞춤과 달콤한 죽음도 생각했어

훗날 많은 사람들이 그를 향해 도적이라고 말하더군

그래도 난 그를 의심하지 않았어
그는 미워할 수가 없었지
그동안 나누어 가진 공간과
끌어안았던 시간들이 모두 거짓이라 해도
그처럼 맑고 깊은 눈을 가진 도적은 처음 보았으니까
도적이라면 그런 슬픈 눈을 할 수 없었을 테니까

# 그리움

노란 비늘을 털어내는

거리 한복판에서

뒹구는 바람을 줍다가

빈 가지 끝에 실려

혼자서 앓고 있는

가을을 보았습니다

보내도 떠나지 못하는

당신처럼 미련하게

## 꽃잎 지다

차디차다, 침묵은
처마 밑에 엎드려
웅덩이만 한 하늘을 끌어당겨
죽은 상처를 덮는다
미치도록 아픈 것은 건더지는 것인가
더는 너그럽지 않은 천사가
무덤을 판다
돌아보니
지지 않는 것이 없다
아, 미궁에 빠져버린 혀들
하얗게 피 흘리는 어둠을 핥는다

# 내 달력엔 4월이 없어요

꾀병이죠 뭐
어디를 쏘다니다
비를 잔뜩 맞고 돌아와
신열을 앓다가
그립다고 헛소리 되풀이하더니
어느 날 갑자기 끊어지는 현처럼
아랫도리 훌쩍 벗어놓고
아직 차가운 물속으로 뛰어드네요
두레박이라도 던져
그를 건져 올려야 하나요

# 너의 바다

빈 병을 자주 들여다보곤 했다
잠자는 바다와
외마디를 지르는 바다를
보고 싶다고 했다
넌
모래톱을 달려 사라지는
그림자를 보며
때로 우리는 떠나는 법을
배워야 한다고도 했다
지금 난 술병 속의
바다를 보고 있다
검은 옷을 걸친 환상을
통째로 구겨넣고
돌아눕는 너의 바다를

# 목련

하얀 고무신 닦아 신고

바깥구경 나온 아이들이

담장에 기대

무어라

무어라

뽀얗게 웃으며

손뼉을 친다

# 무의식

어둠 속에 누워보면
사방이 하늘이다
온통
다리 짧은 시계추가
꽉 차 있다
해의 무덤이다
바다보다 깊숙한

# 봄

나뿐이었으랴
당신이
잠 속까지
이승의 햇살을 거꾸로 들고
무덤 위에 핀 꽃들을
송두리째 뽑아
알몸으로 달려오는데
숨 막히는 어둠을 도망쳐 나와
그리워
되돌아오는 것이 아니고
지나쳐가는 것이라고 알았을 이
누구였으랴

# 억새

바람 닿아 애가 타는 것이 선연하구나
허리에 잠겨 등이 휜 달 때문에
기침도 못하는구나
지쳐 돌아와
처음 보는 너에게 기대어 울던 사람도
한때는 누군가처럼 행복했을까
네가 서 있던 자리마다 바람이 일어도
텅 빈 몸으로
푸르게 혹은 시푸르게
백 년 또 백 년이나
옹이진 그리움을 삭이는 너를
한참이나 사랑해야겠구나

## 오수(午睡)


지붕 섶에 걸터앉아 종일토록 떠들다
단숨에 술 취한 듯
이마 위에 차곡차곡 누워
잠을 마중하는 달큰한 햇빛이야
소리 들키지 않게 내린
여우비에 몸속까지 젖어
아차, 목덜미까지 붉어져
가라앉는 꽃이야
일일이 말하지 않더라도
한낮의 꿈속 어디
나른한 그리움

# 이렇게 빨리요

하필이면 이 겨울에 나를 떠나나요
석양을 끌어안고 죽은 꽃들 사이
젖은 속눈썹의 나비가 떨고 있어요
저러다 죽을지도 모르죠
차가운 입술과
더 차가운 손톱을 가진 여자와
깜깜한 방에서 이별할 시간이 필요해요
아, 성미 급한 말들이 차도를 달려 새벽을 깨워오네요
가까스로 잠들었는데
난 아직 순해질 생각이 없다구요
술에 취한 불운한 남자의 속임수 같아요, 사랑은

# 핑계

무슨 소리냐고

무슨 일이 있는 거냐고

흙 속의 풀잎들이

덜 여문 귀를

하늘 밖으로 내놓는다

물집 터진 햇빛이

호들갑스럽게 쏟아져 나와

여린 살들을 만지작거린다

겨우내 떠돌다

**뼈만 남아 돌아온 그리움도**

도리 없이 봄바람에 놀아난다

# 일기

오호, 그래
사랑이 다 그렇지
어젯밤 일은
벗어놓은 옷처럼 잊고
화살처럼 자지러지게 웃으며 떠나는 거지
어떤 광기로 살았건
나는 세상과 거리를 두고 싶지는 않다고 했는데
혼자 밥을 먹어야 하는
이 봄, 참 고단하다

## 종이꽃

그를 모른다 하겠습니다
그의 소리도 듣지 못하였다 하겠습니다
그의 아픔도 모른 체하겠습니다
그 사람이 날 닮는 걸 원치 않기 때문입니다
너무 말라 종이가 된 꽃처럼
수척해지고 흠집이 난 나의 사랑을
차마 보일 수 없기 때문입니다
나의 노래는 너무 슬퍼
두 번 울어야 하기 때문입니다
그가 지쳐 병들지 모르기 때문입니다

# 편지

천천히 잊어도 되는데

천천히 흘러도 되는데

한사코

바쁘게 뛰어다니는

빗줄기 때문에

머리 위로 범람하는 그리움

그 반만이라도 담아

소식 전해볼까

그대

아직 죽어가는 그 꽃에

아교 같은 물을 주고 있나요

# 레몬 맛 각설탕 먹기

사람들은 게 서세요
그쪽으로 가면 그림자도 인색한 에움길이죠
유배 가는 길이 아니라면 멈추세요
시간이 없나요
시간을 갖고 사는 사람은 없어요
비어 있는 시간을 찾아 다만 흐를 뿐이죠
보세요
사람들은 가장 가까운 채 서로 모르고 살잖아요
옆모습만 보이지 마세요
흘러가는 것은 혼자 해야 할 일이지만
가끔은 송두리째 흔들리세요
레몬 향이 나는 구두를 훔쳐보세요
태양이 앙상해져 불확실한 날엔
소설 속의 연인들도 걸어나와
내 앞자락에 몇 장의 그리움을 숨겨놓곤 하지요
보이세요
내 눈을 피해간 계절은 다시 오지 못했어요

심장에 박힌 못은 마주 보고 빼세요
그러면 함께 출렁일 수 있어요
볼 수 있다는 건 느낄 수 있다는 건
살아 있다는 것 아닌가요
이곳에서 날 유혹하세요

# 그 꽃 지는 날

광목을 덮은 바람
살다 간 흔적 없이
회귀하고
귓속엔
흰 뼈 담긴 달과
쪼개진 하늘만
하나씩 들어와
잇몸처럼 살겠지

# 초콜릿처럼

다만
입맞추려는 거예요
초콜릿처럼 나른하게
초콜릿처럼 향긋하게
초콜릿처럼 따뜻하게
그리움이 스며들게
입술이 검어지게
느릿느릿 시간이 흐르게

제3부

# 나이에 대해

무거워진 나이보다
내 안의 그리움
가벼워지기 전에
표구를 할까
복제를 할까

# 그 봄, 그 밤

이 봄은 얼마요
이 가게에선 좀처럼 가지 않던 계절이
실없이 킬킬대는 사내의 호주머니로
사라진 다음
나이프를 손에 쥐고 눅눅해진 달을 썰어 삼켰다
소주만큼 쓰다
무중력이 된 나는 있는 힘을 다해
벽 한가득 수런거리는
통점들을 읽다가 눈에서 점점 자라나 출렁이는
꽃잎을 씹어본다
툭, 실핏줄 터지는데
오오, 어디에서 보았더라
어둠을 안고 젖을 먹이는 여인
그 말랑한 가슴을 흘깃거리는
이런! 꿈틀거리는 불치병
꽃잎보다 더 흔들린 적 많았구나
이렇게 어찌 살았을까 싶게

숯덩이 같은 꽃잎들이 목에 걸려
취한 듯 자꾸만 넘어졌다
그 밤도 입덧하듯 무수히 울컥거렸다

# 벨리니의 페르소나

조금씩 가라앉는 섬
바람의 깃을 줍는 갈매기가
수상하다
축축한 그리움을 뭍으로 싣고 나는
검은 배 어깨로
노래를 잊은 악사와 가수가 낮달을 따라 굽이친다
산마르코 광장을 뚜벅뚜벅 걷는 종소리가
나태한 심장을 뜨거워지게도 하는지
가면을 쓴 비둘기와 까마귀가 설렘 없이 사랑을 하고
국적 모르는 앳된 연인들도
나침반 안에서는 경계가 없다
낮과 밤이 하나 되고 돌아갈 곳 없어
서로 잠을 설쳐도
아무나 붙잡고 과장되게 웃어도
아무도 떠나온 이유를 묻지 않는다
아, 누가 흔들어도
흘러내리는 노을을 품고

검은 피부 여왕이 문을 여는
바다 위의 성

# 그 여자 4

외롭지 않으면 두려운
여자가 거울을 닦는다
지문이 찍힌 웃음도 닦아내고
먼지 낀 무지개도 닦아낸다
독이 든 사과를 먹고도 겁 없이 웃던 여자는
변장술 따위는 하지 않았다
뼈 마디마디 단물이 흐르도록 샴페인을 마시면서도
폭죽 같은 건 터뜨리지 않았다
흠집투성이가 된 인연은 알은체 않으며
아, 끈질긴 기억에선 발을 빼어
귀찮은 일이긴 하지만
처음 있는 일이라고 말하려는 중이다

귀가 없어 불면의 밤을 살아남은
큰 눈의 여자가
사진 속을 걸어나온다
거울이 빈집 같아도 노엽지 않다

거울아 거울아
날마다 내 몸을 성큼성큼
집어삼킨 그림자는 어디 있지?
그래서 그림자만큼
엉덩이가 커진 여자는 어디 있지?

# 그 여자 5

문이 열릴 때마다
천장에 매달린 어둠이 삐거덕거린다
구실 삼아 속내 들킨 달도
기웃기웃 들어앉아 귀를 막고
무채색의 그림자 몇이 떠내려가고
텅 빈 조명 속에서 의자처럼 앉아
어색하게 웃던 여자가
닿는 대로 남루한 불빛들을
되감아 소독내 나는 잔에 채워
마신다, 뜨거운 안개를 마신다
안개는 언제나 젖어 있다
찾아오는 사람이 없는데도
여자의 눈 속엔 그리움이 자라났다
쿨럭쿨럭 안개를 토하자 붉은 구름들이 생겨났다
포도주 같은 입술에 끈끈한 살점을 닦아내고 여자는
뜨거운 것은 사나운 감기일 뿐이라고
취한 고양이에게

너도 매일 아프냐고 묻는다
반성문 같은 기억들에 쾅쾅 못을 박고
내키지 않는 노래 숱한 후렴구만 부르다가
꿰맨 살이 아파오듯 눈물이 나와
확실하게 웃자건 울자건 또 잔을 비우는
이 밤, 푸르다

# 누구 없소

내가 마신 것은 술이 아니다
이 작은 머리로는 도무지
멈추기 위해 시간이 가는 걸 깨닫지 못한다
이미 슬픔의 동굴이 된 이마 위로
사냥개와 고양이가 뛰어다닌다
비바람이 불지만
이 바람이 어디까지 다다를지 아무도
관여하지 않을 것이다

화사한 몸뚱이에서 빠져나온 고통의 각질이
흑백필름 되어
어둠의 뇌를 마구 흔들어놓지만
그것은 비밀스러운 일도 조바심 낼 일도 아니다
다만
영혼과도 같은 둥지를 흙발로 들어와
죽은 별처럼 누군가를 떠돌게 하는 것은
쓰레기만 빽빽한 슬픔 속을 걷게 하는 일이다

누군가 날 도와줄 수 없겠소
반드시 저 어둠을 도려내어 그 안에
고양이를 잠재울 생각이오

이 부화를 반복하는 고단함 때문에
내가 마신 것은 달콤한 독이다

# 아직

아직 머물러 있더이다
혀끝이 마르도록 겨우내 앓았어도
그곳의 동백은
마른 탯줄에 얼굴을 묻고
지지 못하고 있더이다
칭얼칭얼 문고리 흔드는 바람에게
하루만 더
여기 그냥 머물러
그가 서 있던 자리에
그리움 한 그루
옮겨 심어주고 싶다고 하더이다

# 불면증

아무리 오래 생각해도
너는 집시였다
고독의 윤회였을지도 모르지
그동안은 그런대로
쿵쿵 심장이 뛰었다
노란 약봉지에서
매일 슬픔을 덩어리째 꺼내 삼켜도
손에 잡히는 것 없어도
또 그런대로 살 만했다
그런데
오늘같이 세상이 빠질 만큼 눈이 내리면
너와 또 한번 사랑에 빠지고
그러면 숨어 있던 슬픔이 자꾸 자라서
그날이 그날 같게 살 수가 없다

# 현기증

그곳엔
살갗 트는 모래바람이 불고 있었다
낯선 사람이 너무 많아 불행했다
분장사와 사진사
절룩이며 카페인을 마시는
목마른 노인
부식되어버린 제단에
핏줄 같은 향을 피우는 사람

그림자 귀퉁이에 유폐되어 있던
작은 곰보 여자가
또박또박 고단한 이승을 외운다
뒤축 없는 구두를 가지런히 벗은 사내가
여자를 끌어안고 눈물을 기울여 삼킨다
아, 짧은 밤
하얗게 나비 떼가 날고
입안 가득 모래가 고인다

무엇일까
이 어지럼증은

# 오후 세 시

햇살이 톡톡 손을 털며

장미덩굴 속을 들여다보다

가로질러오는

고양이에 흠칫 놀라

몸을 뒤집다

성가신

그림자에 갇혔다

# 공(空)

실은
아무도 동정하지 않았다
막차를 기다리던 사람들도
흰 천을 두른 채 못으로 떨어진
달의 주검 등에 지고
지붕 덮인 하늘로 돌아갔다
살점 떨어진 별들만
알루미늄 벽으로 몸을 숨기고 통곡한다
수억의 허물들이 무덤이 되어도
등 돌려 간 것은
죽어서도 돌아오지 않는다

# 아무래도

문패가 없어 그럴 거다
미라들과 몽유하는 발소리들이
골목 어귀에서
아직도 떠도는 것은

어릴 적 달콤한 자장면을 처음 먹던 날
까만 입술을 훔쳐 달아나
끝끝내 오지 못한 사람에게
하지 못한 말이
줄달음하며 살아온 날들이
신문에 끼워졌다 버려진 광고지 같아서
이렇다 저렇다 할 것 없이
내리막길에
달을 앉혀놓고
탕약 같은 술을 마신다

이 새벽이 겁나지 않는 것은

빈 페이지 안에 고스란히 말라 있는
열아홉 살이 있기 때문인가 보다
아무래도

# 어느 하루


유리문 속의 우체국을
지나쳐 간 발길이 누구에겐가 다시 돌아온다
구두가 멈추어 공상을 하고
슬리퍼가 비밀스레 내용증명을 작성하고
운동화가 머뭇거리며
받는 이 없는 편지를 보내고

미처 다 버리지 못한 채
옹색하게 여미어버린 절반의 하루가
빛바랜 상표처럼 가난해져
볼 수 있는 것도 보이지 않아
이제 게으름만 가득한 생의 주머니 안에
남은 것은 무엇이라고 써야 할지

우체국의 문을 통하여
꽃들이 사라지고
텅 빈 태양은 두꺼워지고

그러다 죽음을 엿보게 되고
가끔 거짓의 존재를 깨닫는
늙어감이여, 헛됨이여

누구일까
내가 단념하고 허망해했던 저 자리에
장밋빛 뾰족구두가
먼지 묻은 기억을 새 우표에 붙이며
흔들리는 황혼을
품에 안고 서 있는데

# 모자를 벗는다는 것

두근거리는 어둠 속에 들어서야
모자를 벗었다
잔부끄러움에도 떠는 난쟁이는
곧 묻혔다
헝클어진 머리가 잠든 숲 같다
다시 쓰면 안 될까요
모자를 벗는다는 것은
기다란 귀를 보이는 것
모자 안에서 뚱뚱해진 부끄러움이
더듬더듬 몸속을 스며드는 것
그래서 애써 감추어두었던 눈물을
괜히 한번 삼켜야 하는 것
모자를 쓰면 안 될까요
조명을 마음대로 삼켰다 뱉는
모자를 쓴 배우들이
난쟁이를 그 자리에 있으라 한다
낯선 풍경 속의 짧은 그림자처럼

# 으레 그랬지, 그 봄은

제 속에 아이를 잃고
쩌렁쩌렁 울어대는 계절을 장지로 보내고는
산 자들과 저마다 술에 취해
죽은 후에도 볼 수 있는
붉은 눈을 훔치러 다니지만
그래도 소용없다는 걸
참을성 없는
어둠으로야
날마다 수십 개의 달이 떠도
아직 춥다는 걸
얇은 저 치맛자락이 측은하다

# 매일 살다가 매일 절망하다가

가로등 불빛이 말라죽은 꽃 같아

철없는 사람 기다리는 그림자도 짧다
뒷골목을 꽉 채운 생기 없는 빛이
그나마 짧은 운명까지 깜박깜박 구겨놓는다
죽음 이후의 그것같이

무엇을 그리 잘못했나 절망을 상상하다니
사라지는 것들을 위해 착해질 필요는 없지
깡마른 등짝을 내리치는 손은 누구의 것인가
반만 웃으며 모호하게 서 있는 저 달이란 말인가

신경쇠약에 시달리고 있다

# 죽지 않는 까닭

고고(呱呱) 소리에
눈이 붉은 새 한 마리 날아오르자
머리숱이 점점 많아지는
여인의 엉덩이 사이로 흉터 같은 어둠이
흐른다 흘러서
늪이 되고
툭하면 붉어지는 꽃들
달빛에 소름 돋아
바깥으로
한 뼘씩 뿌리를 뻗어보지만
반쪽 남은 하늘로나 핏줄이 불거지고
도대체
맨 처음 뛰어내린 이승에서 발을 뺄 수 없다
하, 그래 꿈속인걸

## 가을, 그리고


이젠 눈물도 나오지 않습니다
캄캄한 담에 붙어 죽어가는 달을 보며 바람은 우는데
슬픈 영화를 보고 쓰디쓴 음악을 들어도
반만 남은 가슴에선
버석버석 마른 잎 부서지는 소리만 납니다

어머니의 병실에서도 가을은 떠나고 있습니다
검버섯 박혀 언뜻 보아도 목이 메는 야윈 계절이
어머니의 손등과 이마 위로 지고
빛바랜 몸속으로는
국화 향기가 한 아름씩 사라지곤 합니다
창밖엔
남아 있는 자의 불행을
무책임하게 예고하는 젊은이들이
술잔 속에 한 음절 남은 가을을 털어넣고
오오, 배고픔과 섞어 마십니다

몸속의 투명한 뼈들을 어쩌면 살과 바꾸어
하늘 반쪽에 떠나보낸 어머니같이
이젠 웃어야겠습니다
웃어도 효력이 없는 잔인한 병세를 삶의 곁에 두고
몰랐다고
몰랐다고

## 하찮은 생각

저 처녀의 노출증이나 질투 같은 것은
외면할 거다
우쭐거릴 만한 인연도
기억하지 않을 거다
사실은
다소곳해 보이지만
불한당 같은 저 어둠 속으로는
전염병이 돌고 있을지도 모르니

매순간 죽을 순 없다
어느 속으로 들어가
벌거숭이로 버텨볼 거다
이를테면 요람 같은 곳

# 슬프거나 혹은

망가진 목각 인형을 바라보는 것은
슬픈 일이다
열두 달 구덩이에
어느 하루가 빠졌거나
어제까지 시시덕거리며
밥을 먹던 애인을 잃은 것처럼
슬픈 일이다

이상한 탈을 쓴 두려움에
목덜미를 잡히고도
배우같이 웃거나
손바닥만 한 가슴에
양파를 집어넣고
억지 눈물 흘리는 것처럼
우스운 일이다

# 하지만 너는

너는 언제나
치아를 드러내고 웃는 걸 좋아했어
감옥 같은 방에서 빠져나와
바다로 가고 싶다고도 했어
수족관의 열대어들도 그럴 거라고 했지
어느 날은 여행자처럼
거리 한복판에 색색의 풍선을 들고 서 있기도 했어
그곳이 어디인지
어디로 가려고 했는지
사람들은 모두 어디론가 바삐 가는데
기억상실된 사람처럼 넌 오래도록
흩어지는 바람을 달래며 서 있었어
—너의 자리로 돌아가
누군가 속삭이는 소리를 들었다고 했어
골목을 막아선
다리가 긴 피에로였는지도 모르겠다고
또 어느 날은

햇빛이 들지 않는 방에
낡은 방석과 달라이 라마의 바다를 곁에 두고
종일토록 앉아 있기도 했어
그러다 문득
열대어들이 아마도 낯달 푸른 수족관으로
돌아오고 싶어 할지도 모른다고 했어
사는 것은 살아지는 게 아니라고
너는 그냥 웃었어
치자꽃처럼

제4부

# Jazz 3

날아올라
만삭을 한 별빛 하나 꺼뜨리고
천 년을 유혹해도
몸을 드러내지 않는
강물 한 모금 떠 마시고
분 바른 천사들이
목청을 흔드는 소리에
넘실대는 night train
장밋빛 독소

# Jazz 4

열한 개의
붉은 달을 삼키고
불구덩이를 배회하던 천사들이
습기 찬 무덤 앞에
바람을 세워 술을 붓고
검은 외투 입은 담쟁이덩굴에다
왈칵 눈물 쏟아
낙수소리를 헝크는 새벽
아, 입술에 독을 바르고
입술에 붉은 것들을 바르고
투신하는 파수꾼들

# Jazz 5

알고 있니
땅 밑만을 맴돌아 볼 수 없었던 고독의 단서
두근거리며 심장을 흘러도
눈치채지 못했을 진통
째깍째깍
비명을 지르며 흐르는 시간을 빼돌려
한순간이라도
같은 빛깔로 닿아
바람이 되고
젖은 풀잎이 되고 싶은,
넋이 우는 Jazz를

# Jazz 6
**춘천에서**


두 팔로 섬을 안고
돌아앉은 호수 위로
시위를 당기다
맨발로 떨어진 하늘을
열, 스물 손가락으로 퍼올리다
그 거대한 입속으로
면류관을 떨어뜨린
삭발한 천사들의 목구지에 잠이 깨어
허리를 내놓고 웃는
안개도시의
쓸쓸한 자유와
절망의 비늘들

# Jazz 7

회색도시를 돌아오는 협궤열차
울음 쏟듯
어둠을 쏟아놓으면
집시처럼 달려와
폭죽을 터뜨리는
사나운 빛의 산고,
분열하는 그리움에
궤도를 벗어나
소용돌이하던
만삭의 광시곡,
어둠의 정수리에
방아쇠를 당긴다

# Jazz 8
**칵태일**

이 시간이 아니면 안 돼요
물 흐르는 소리도
역류하잖아요
세상은 시계보다 빨리 돌아가고
나도 자꾸 변해요
말해요
내가 화내길 기다리나요
모든 게 서툴지만
난 솜사탕보다도 부드러운 걸요
거절하지 말아요
억지 입맞춤은 우울해서 싫어요
그대의 휴식 안으로 내가 들어갈까요
난
그대의 심장으로 달콤하게 흘러들어
죽더라도
내 생각을 말하고 싶어요

# Jazz 9
### 검은 가을

오열하는 바람 위를 걷고 있는 것이 좋다

녹슨 옷자락으로 얼굴을 가리고

시린 키스를 하는 나무 아래

책갈피에 갇힌 하늘이 있어 좋다

불온한 일몰이 계속되어도 끄떡 않고

귀만 붉어진 우체통이 남아 있어 좋다

한밤중에만 조금씩 웃는

낯가림이 심한 그에게

바짝 말라 전설이 된 가을을 부친다, 그래서

# Jazz 10

**M2R-Zion**

이 도시는 암호가 있어야 들를 수 있어
말하고 싶은 고양이라든가
퉁명스러운 천사라든가
진흙밭의 시계라든가

도박사들이 들끓는 이 도시는
네모난 심장을 가진 사람과 불청객뿐이어서
웃는 사람도 없고
공모를 짐작하는 사람도 없고
손을 잡아주는 사람도 없지

살아 있다는 것은
푸른 유전자를 가진 사람만이 발자국을 남기며
비옷 입은 여인들의 몸에는 반드시
비늘이 있다는 것을
아는 일이지

# Jazz 11
**우울한 휴일**


그 술 때문에 흔들린 것이 아니라네
원래부터
세상이 비틀거렸던 거지
안전하다고 믿는 것은 몽상이네
나는 머뭇거리다 매일 길을 잃고
비틀대는 길 위에서
몸속의 비틀대는 것들을 다 토했네
그래도 생이 끝날 것 같지 않아
며칠째 주문을 외고 있네
내가 무슨 잘못을 했든
내 몸속에 나 있는 길에서 벗어나
홀로 있어도
멋대로 걸어도
외롭지 않기를

말은 그만하세나
달이 뜨니 술이나 한잔 하세

# Jazz 12
**오랜 친구에게**

내가 너였으면 좋겠다고
넌 자주 말했지
세상에서 오아시스 같은 것들을 찾느라
매일 골치를 앓던 내가
말해주고 싶었어
이곳은 안개가 내려도 판에 박힌 꿈속이고
끝이 보이지 않는 길을 가다 누군가 발등을 밟을 때
눈을 들어 세상을 보면
풍선을 터뜨리는 일처럼
오래지 않아
내가 되는 걸 알 수 있을 거라고

나여야 했던 네가
추억을 담보로 노래를 많이 불렀어
우리는 나란히 어둠의 모서리에 앉아
묘비명을 생각하다 멍하니
하늘 뒤 검은 새벽을 기다렸지

그래,
차들이 너무 많아 걸을 수밖에 없고
세상 길들이 어둠으로 차 있어서
하이힐을 신고 걷기에 아슬아슬하면
네가 놀랄 만한 날개가 생길지도 몰라
태양은 신발 속에도 있으니

# Jazz 13

**황혼**


손톱자국 깊게 팬 달을 보며 그래도 살아야지
하다가
납덩이 같은 슬픔을 견뎌야 하는 밤마다
흔들흔들 흔들리다가
취기로 툭툭 얼굴 붉어지는 단풍을 보고는
슬픔이 뭐였더라 한다
그래,
적적하게 살아도 와글와글 꽃냄새 맡으며 한생 살아도
고맙지 않은 일이라거나 기쁨에 보글대는 일은
없도록 하자
어둠 속에 있었다고 기억에도 없을까
할 이야기가 남아 있지 않다는 건 치명적이다
해 저물면 저문 빛으로 물들며 사는 거지

# Jazz 14
I know the future


당신인가요
라디오에선 하루 종일 비에 젖은
Jazz가 눅눅하게 새어나오고
아스피린을 삼킨 고양이도 걸어나온다
고양이의 눈이 침침하다
끝 손톱이 상하도록 젖은 하늘을 긁어내도
비가 그치지 않는다


저녁 일곱 시까지 배달된다던 여자는 끝내 오지 않는다
몸에 꼭 맞는 화분을 가지고 오겠다던 여자는

퉁퉁 부어버린 그림자 하나가 어둠을 끄르며 들어선다

여자를 아세요
꽃이 되길 싫어해서
향기도 삼켜버리는 여자를 아시냐구요
내가 그 여자의 어미예요

**해설**

# 유년의 붉은 구두, 기억의 시학

김효은(문학평론가)

 누구에게나 유년의 기억은 있다. 유년 시절은 아득하지만, 아늑하다. 그러나 현대인은 유년을 떠올릴 여유가 없다. 그들은 바쁜 일상에 치여 대부분 앞만 보며, 지치고 피곤한 삶을 살아간다. 치솟는 물가와 감당하기 힘든 대출 이자, 저축은커녕 생활하기에도 빠듯한 팍팍하고 고단한 일상, 한 치 앞의 미래를 준비하기에도 벅찬 나머지 그들에게 과거 따위를 돌아볼 여유란 좀처럼 없는 것이다. 요즘은 아이들도 너무 빠르게 자라나고 금방 어른이 되어버린다. 몸보다도 더 빠르게 자라는 그들의 의식과 행동은 어른보다 몇 배 급속하게 닳아버려, 또 그만큼 빨리 늙어버린다. 지금처럼 최첨단의 정보화, 가속화된 사회에서 만약 현재의 아이들이 자라나 어른이 되고 노인이 되었을 때, 과연 그들은 유년을 어떻게 기억할 것인가. 아마도 버전 낮은 컴퓨터 게임이나 구형 스마트폰, 닌텐도나 아이패드쯤을 떠올릴 수 있을 것이다.

그러나 시인은 유년과 함께, 천천히 늙어간다. 그들은 아주 오래 유년을 곱씹거나, 아니면 아예 유년 시절의 자아로 돌아가 스스로를 유폐시키기도 한다. 그들은 동화책에 나오는 피터 팬처럼 언제고 늙지 않는 아이마냥 주변을 탐색하고, 소소한 일상에도 감탄하며 즐거워하고, 작은 사건에도 크게 슬퍼한다. 굳이 정지용의 「향수」를 떠올리지 않더라도 그들에게 유년은 꿈에서조차 잊을 수 없는 소중한 기억이고, 사철 내내 절절한 그리움이다. 그들은 때때로 불행한 유년 시절이나 어두운 과거의 기억에 얽매여 평생을 푸닥거리하듯 글로써 스스로를 달래거나 치유하며 살아가기도 하지만, 그들에게 유년은 그 자체로 소중한 보물이고 포기할 수 없는 자산이다. 그래서일까, 최지하 시인의 작품들에도 역시 유년의 기억은 중요한 모티프가 되어 주목을 요한다. 게다가 간혹 시적 화자의 경우 더는 자라고 싶어 하지 않는 소녀의 시점에 멈춰 있거나, 과거의 기억에 붙들려 극도로 우울해하거나 슬퍼하고 있음을 알 수 있다. 다음의 작품들을 보자.

껍질이 찢긴 시간 속으로
성장을 멈춘 여자아이가 천천히 흘러들어와
시무룩한 햇살 걸린 처마 밑에서
어린 짐승이 된다

—「2:30, 두통」 부분


오랜만에 창문을 열다 손잡이가 툭 부러졌다
아주 잠깐 누릴 기쁨이 우르르 달아났다

저 햇살들은 어디로 모이나
사소한 일에도 겁에 질려 우울해했던 여자의 눈엔
담벼락에 가득 핀 장미가 보이지 않았다
(중략)

저 손잡이,
이 고통스러운 휴식이 끝나면
더는 성숙하지 않는 유충같이 그녀는
또 몇 날을 부러진 손잡이만 생각할 것이다

—「슬픔의 힘」 부분

일반적으로 '손잡이'는 내부와 외부 세계를 연결해주는 매개체를 상징한다. 그런데 위의 작품에서 창문의 손잡이는 "툭 부러"져 있다. 손잡이가 부러졌으므로 세상과의 소통, 외부 세계와의 연결과 교류를 시도할 수 있었던 유일한 통로인 창문을 더는 열 수가 없게 된 것이다. 이로 인해 "사소한 일에도 겁에 질려 우울해했던 여자의 눈엔" 이제 "담벼락에 가득 핀 장미"마저도 "보이지 않"게 되었으며, 그녀의 불안과 우울은 더욱 심해질 수밖에 없다. 외부와의 단절은 여자에게 고착과 퇴행을 가져온다. 그녀는 이제는 더 성숙해지기를 거부한다. 유년의 아픈 기억에 사로잡힌 그녀는 "또 몇 날을 부러진 손잡이만 생각"하며 "고통스러운 휴식"을 보내야 한다. 게다가 "더는 성숙하지 않는 유충같이 그녀는" 폐쇄된 유년의 기억 속에 몸을 말고, 웅크린 채 "바람막이 하나 없는 세월"을 그녀의 어머니처럼 견뎌야 하는 것이다.

    우쭐거릴 만한 인연도
    기억하지 않을 거다
    사실은
    다소곳해 보이지만
    불한당 같은 저 어둠 속으로는

전염병이 돌고 있을지도 모르니

매순간 죽을 순 없다
어느 속으로 들어가
벌거숭이로 버텨볼 거다
이를테면 요람 같은 곳

　　　　　　　　　―「하찮은 생각」부분

그렇게 떠나면 되는 거였다
어쨌거나 그는 내 말을 듣지 않았다
나의 말을 뚝 뚝 끊어서
구멍 난 주머니에 아무렇게나
넣어 흘려버리며 태연히 걸어갔다
그 길은 처음 가보는 길이었으나 눈치채지 못하게
따라가다가 어느새 늙어버린 눈동자만
굴렁쇠처럼 굴러갔다
울퉁불퉁,
시간마다 움찔거리는 거리에서 나의 목소리는
어느 가슴에도 다다르지 못하고 노랗게 뜬 나뭇잎처럼
후드득 떨어져
서운하게 굳어갔다

(중략)

내 몸은 점점 작아져 저절로 무덤에 묻혀

생각만 걸어갔다 나는 분실되었고

비로소 그를 보지 않아도 되었다

—「지금은 휴식 중」부분

  시인은 유년의 방, "이를테면 요람 같은 곳"에서 웅크린 채 휴식을 취하고 있다고 하지만, 이는 앞의 작품에서도 살펴봤듯이, 편안하고 아늑한 휴식이 아니라 어디까지나 "고통스러운"(「슬픔의 힘」) 시간이다. 그녀는 사랑하는 사람과의 이별을 통해 뼈아픈 상실을 경험했으며, 그 사랑의 중단을 "휴식"이라고 이름 붙여 스스로를 위안할 뿐, 사실상 이는 휴식이 아니라 고통 그 자체인 셈이다. 위의 작품에서 시적 화자는 "그녀"가 아닌 "나"의 관점에서 일방적인 이별로 인한 고통을 토로하고 있으며, 그 고통은 다름 아닌 "그"와의 소통의 부재에서 오는 것임을 알 수 있다. 이미 "나의 말"은 "뚝 뚝 끊어"졌으며, "나의 목소리는/어느 가슴에도 다다르지 못하고" 추풍낙엽처럼 "후드득 떨어져/서운하게 굳어"간다. 외부와의 단절, 그와의 소통의 부재는 화자에게는 죽음에 다가서는 것과 별반 다를 바 없다. 그녀의 "몸은 점점 작아져 저절로 무덤에 묻"히게 되는 이른바 '죽음'을

자처하기에 이른다.

> 네가 서 있던 자리마다 바람이 일어도
> 텅 빈 몸으로
> 푸르게 혹은 시푸르게
> 백 년 또 백 년이나
> 옹이진 그리움을 삭이는 너를
> 한참이나 사랑해야겠구나
>
> —「억새」 부분

불행하게도 그에 관한 그리움과 "생각만"은 죽지도 않고 좀비처럼 여전히 세상을 걸어다닌다. 즉 "나는 분실되었"지만 그는 "나"의 마음속에 "보내도 떠나지 못하는//당신"(「그리움」)으로 잔존하는 것이다. 그녀의 마음이야말로 "구멍 난 주머니"처럼 숭숭 뚫려 이제는 이별을 주워 담을 수조차 없다. 따라서 그녀에게 이별은 어디까지나 순간이지만, 사랑은 "백 년 또 백 년이나" 상처와 더불어 영원무궁한 것이다.

> 아, 내 발바닥에서 피가 흘러요, 어머니
> 내가 죽는 걸까요

그래도 울지 않을게요

빨간 구두를 신고 싶어요 가끔은 자유롭고 싶어요

그런데 어머니 내가 늙어가요, 내 주위엔

온통 벽이죠

이곳을 빠져나가고 싶어요, 신발 끈을 더

단단히 매야겠어요

저 벽 바깥엔 누가 있나요, 바람은 불고 있나요

포옹하는 사람과 노래하는 사람들도 있나요

(중략)

이젠 안녕, 시간 맞춰 읽는 이 대본은

귀찮아, 시계를 거꾸로 돌릴게요

　　　　　―「내 안에서 무슨 일들이 일어났을까」 부분

　위의 작품에서도 역시 시적 화자의 경우, 사방이 "온통 벽"뿐인 밀폐된 공간에 자의든 타의든 구속되어 있음을 알 수 있다. "가끔은 자유롭고 싶어요"라는 고백으로 미루어 짐작하건대, 화자의 경우 스스로 자아를 유년의 공간 속에 유폐시키고 있음을 알 수 있다. 동화 속의 주인공처럼 설령 "빨간 구두를 신고" 밤새도록 춤을 춘다고 할지라도, 그녀에게 주어진 자유는 아주 잠깐일 뿐이며, 그 자유는 오랜 고통을 수반하기 때문이다. 게다가 화자는 "늙어가"는 것과 "죽음"을 동급으로 여길 정도로 성장과 성숙을 두려워하고 있음을 알 수 있다. "산타가 오지 않았다는 걸 알아버린 그때" 이미 화자는 웃음을 잃어버린 것이다. 그리하여 끊임없이 반복되는 "시간 맞춰 읽는 이 대본"조차 귀찮아진 화자에게 주어진 유일하면서도 유의미한 놀이란 그저 태엽을 감듯 기계적으로 "시계를 거꾸로 돌리"는 일뿐이다.

어둠은
어디에나 있고
어디에도
없지
그가 보는 걸 나도 볼 수 있어
적어도 눈앞의 것은 다 보여
그렇게 말했지만
조금 전 고양이의 죽음을 볼 때
생각은
보이지 않았다
다른 사람을 보는 잠깐 동안도 나를 볼 수 없어서
어두운 길을 혼자 걷게 하는 일은 없게 하지요
이렇게 말한 그를 떠나보냈다

그리고 아홉 가지 구두를 샀다
오갈 데 없는 슬픈 구두를 번갈아 신으며
이번뿐이야 다신 맴돌지 않아
하였지만
어느새 묽어진 어둠을 꾹꾹 눌러 닦다가
잠깐잠깐 늙는다

어라,
　　　　　　　―「오늘도 홀로 있다」 전문

　어둠은 그녀를 더욱 두렵게 한다. 어둠은 시야를 제한하는 동시에 외로움을 가중시키기 때문이다. 어둠으로 인해 보이지 않는 것들이 분명히 존재하고, 그들 중에는 받아들이기 힘든 죽음과 이별 또한 늘 도사리고 있다. 화자의 경우도 "어두운 길을 혼자 걷게 하는 일은 없게" 하겠다던 "그를 떠나보냈"으며 다시 어둠 속에 혼자 버려졌기 때문이다. 이처럼 늘 화자는 상대를 떠나보내는 일과 혼자 남겨지는 일에 익숙하다. 그녀는 "잠깐잠깐 늙"어가는 자신을 몹시 꺼리며, 그녀가 바라보는 세상은 "온통/다리 짧은 시계추"(「무의식」)로 가득하거나, 사방이 벽으로 가로막힌 작은 방이거나 관일 뿐이다.

실은

아무도 동정하지 않았다

막차를 기다리던 사람들도

흰 천을 두른 채 못으로 떨어진

달의 주검 등에 지고

지붕 덮인 하늘로 돌아갔다

살점 떨어진 별들만

알루미늄 벽으로 몸을 숨기고 통곡한다

수억의 허물들이 무덤이 되어도

등 돌려 간 것은

죽어서도 돌아오지 않는다

―「공(空)」 전문

그녀는 알고 있다. 모든 것이 또한 "공(空)"이라는 것을, "등 돌려 간 것은/죽어서도 돌아오지 않는다"는 것을. 그리고 "살점 떨어진 별들"은 시가 된다는 것을, 시인은 떨어진 살점들만큼이나 유년과 함께 아주 천천히 늙어간다는 것을 그녀는 너무도 잘 알고 있다. 그녀에게서 떨어져 나온 아픈 살점들이 멀리서도 오래오래 반짝이는 아름다운 별들로 승화되기를 기대한다.

**시인의 말**

삼백예순날을

상상하다가

길들여졌다

2011년 깊은 여름
최지하

꼭, 하고 싶은 거짓말

2011년 9월 1일 초판 1쇄 찍음
2011년 9월 9일 초판 1쇄 펴냄

지은이 _ 최지하
펴낸이 _ 양동문
펴낸곳 _ 詩와에세이

신고번호 _ 제319-2005-000014호
주소 _ (120-865) 서울시 서대문구 북아현동 1-495 세방그랜빌 2층
대표전화 _ (02)324-7653, 070-8877-7653
팩시밀리 _ 0505-116-7653
휴대전화 _ 010-5355-7565
전자우편 _ sie2005@naver.com
공 급 처 _ 한국출판협동조합
주문전화 _ (070)7119-1741~2
팩시밀리 _ (031)944-8234~6

ⓒ최지하, 2011
ISBN 978-89-92470-63-6 03810

\* 지은이와 협의하여 인지는 생략합니다.
\* 이 책 내용의 전부 또는 일부를 재사용하려면 반드시 지은이와
  詩와에세이 양측의 동의를 받아야 합니다.
\* 책값은 뒤표지에 표시되어 있습니다.